Marion Walz

Hamster Moppel auf dem Weg zum Regenbogen

Hamster Moppel auf dem Weg zum Regenbogen

Text und Illustrationen von Marion Walz

Mit pädagogischer Unterstützung

Herstellung und Verlag:

Books on Demand Norderstedt

ISBN 9 783732 283545

Das Kind beim Lesen unterstützen.

Dieses Buch wird für Kinder ab 10 Jahren zum eigenständigen lesen empfohlen.

Es ist auch für ältere Kindergartenkinder als Vorlesebuch zum Thema „Tod", geeignet.

Die Geschichte von Emma, greift Themen auf wie Schuld, Angst, Verzweiflung und Traurigkeit, aber auch Leichtigkeit und Liebe. Egal, ob das Kind das Buch alleine liest oder ob Sie es gemeinsam mit ihm lesen, sprechen Sie über das Gelesene und beantworten Sie alle Fragen, die sich auftun.

Bevor ich euch meine Geschichte erzähle, möchte ich mich vorstellen:

Mein Name ist Emma und ich bin inzwischen 11 Jahre alt. Ich lebe mit meiner Mami in einem kleinen Häuschen.

Diese Geschichte habe ich für meine liebe Omi und meinen kleinen Hamster Moppel geschrieben. Die beiden haben mich und meine Mami für immer verlassen, denn sie sind über die Regenbogenbrücke gegangen. Ich bin sicher, dass Omi und Moppel - auch wenn ich sie nicht mehr sehen kann - immer bei mir sind.

Danke liebe Omi, danke lieber Moppel

Ich hab euch ganz doll lieb.

Eure Emma

Omi fehlt mir sehr. Besonders in der letzten Woche, da feierte ich meinen Geburtstag. Ich hatte zwar eine schöne Geburtstagsfeier, doch konnte ich mich nicht wie sonst darüber freuen. Manchmal bin ich traurig, weil ich sie nicht mehr sehen und nicht mehr mit ihr herumtollen kann. Leider sind schon einige Wochen vergangen, seit Oma nicht mehr hier ist. Oh wie ich sie vermisse! Ach Menno, in solch einem Moment, wenn ich an sie denke, kullert mir wieder eine Träne über das Gesicht. Mama sagt: „Sie ist im Himmel und schaut immer auf uns.

1.

Auch wenn sie für unser Auge nicht sichtbar ist, so ist sie immer in unseren Herzen." Wenn ich mal sauer auf Mama bin, dann spreche ich mit meiner Omi. Irgendwie geht es mir danach besser. Oma hatte immer gute Ratschläge parat. Oft nahm sie mich aber auch einfach nur in den Arm und hielt mich ganz doll fest.

Oma hatte früher einen Hamster und den nannte sie Seppl.

Den Namen fand ich lustig. Das passte zu Oma. Sie war sowieso immer lustig und gut gelaunt, besonders wenn ich bei ihr war.

2.

Naja, manchmal war sie aber auch megaanstrengend. Nicht immer hat sie das machen wollen, was ich wollte.

~Erwachsene sind oft anstrengend~.

Ich wünschte mir nichts sehnlicher als einen kleinen Hamster. Das lag wohl daran, dass Omi auch einen hatte. Ich musste jetzt nur noch meine Mami überzeugen, denn eigentlich wollte sie keine Haustiere.

Letzte Nacht musste ich aufstehen und bemerkte, dass Mami ganz traurig alte Bilder anschaute und dabei weinte.

Ich war mucksmäuschenstill und ging unbemerkt wieder in mein Bett. Als ich da lag kam mir die Idee, dass Mami sich sicher auch über einen Hamster freuen würde, damit sie nicht mehr so traurig zu sein braucht. Ich sprach wenig mit Mama über Oma in letzter Zeit. Dass ich oft wegen Omi bekümmert war hatte ich mir nicht anmerken lassen, denn sie sollte sich nicht auch noch um mich Sorgen machen. Und so schlief ich ein. Im Traum hatte ich schon meinen kleinen Spielkameraden gesehen, wie ich ihm meine Probleme anvertrauen und mit ihm spielen konnte.

4.

Ich freute mich schon so darauf.

Wenn ich Mama mit meinen großen Augen anschaute, wurde sie meistens weich und konnte mir nur selten meine Wünsche abschlagen.

Am nächsten Morgen am Frühstückstisch konnte ich meinen Wunsch nicht länger für mich behalten und erzählte ihn ihr einfach, das war sowieso immer das Beste.

Mami war von meiner Idee des Hamsterwunsches erst gar nicht begeistert und versuchte mit vielen Gründen, mir das Tierchen auszureden.

So sagte sie zum Beispiel: „Emma, du weißt doch, dass es nicht damit getan ist, ein Tier in den Käfig zu setzen." „Jaja", antwortete ich, „das weiß ich sehr wohl. Ich werde gut auf ihn aufpassen, denn ich bin ja schon groß. Ich kann das. Außerdem helfe ich dir ja auch, ich decke den Tisch, räume auf und leere den Mülleimer. Und von Omi weiß ich, wie man mit Tieren umgehen soll und dass man sich um das Tier kümmern muss.

Mami sagt ja immer, ich sei ein aufgewecktes Mädchen

6.

und so war sie insgeheim auf meine Argumente vorbereitet.

Obwohl sie nach wie vor Bedenken kund tat, hatte ich mit viel Geschick mein Ziel erreicht. Ja, ich konnte wirklich hartnäckig sein. Und so versprach Mami mir, meinen Wunsch zu erfüllen.

Endlich war es soweit. Wir wollten gleich nach der Schule losziehen, um uns ein paar Hamster anzuschauen. Mama meinte, dass wir uns erst einmal in verschiedenen Zoogeschäften umschauen sollten.

Ich konnte es kaum erwarten, bis die Schule zu Ende war.

Mia, eine meiner Freundinnen, fragte mich zwar, warum ich so schnell nach Hause wolle, aber ich sagte ihr, dass ich ein Geheimnis hätte, was ich ihr noch nicht sagen dürfe. Ich würde es ihr morgen verraten.

Mama wartete schon auf mich und wir machten uns gleich auf den Weg.

Ich war total aufgeregt. Immer wenn ich glücklich war, konnte ich mich nur noch auf diese eine Sache konzentrieren und bekam dadurch auch nicht mehr alles mit, was um mich herum passierte.

Und so kam es, dass ich, wie ich es immer tat, wenn ich fröhlich war, ständig vom Gehsteig auf die Straße und wieder zurück hüpfte. Die Autos auf der Straße bemerkte ich kaum.

Plötzlich rief Mami mir zu: „Emma, pass auf die Autos auf!" Kaum ausgesprochen, quietschen bereits die Bremsen der heranfahrenden Autos.

Grr........Quietsch..............

Nun stand ich wie angewurzelt, völlig
verdutzt und inmitten der Autos.

10.

Als wäre ich zu einem Eisblock erstarrt, stand ich da und weinte. Ich war heilfroh, dass Mama sofort zur Stelle war und mich in die Arme nahm. Alle blickten auf mich. Als sie sahen, dass es mir gut ging, wetterten sie auch schon auf meine Mutter los, ob sie denn nicht aufpassen könne.

Sie entschuldigte sich dann auch noch für mein Verhalten. Ich kuschelte mich immer mehr an Mami und dachte: „Oh, sind die alle doof."

Ab jetzt blieb ich an der Hand von Mami und wir setzten unseren Marsch fort. Endlich waren wir in der Stadt angekommen und ich war wieder fröhlich und gut gelaunt.

Noch kurz um die Ecke und dann sahen wir auch schon das Schild „Zoomax". Kaum hatten wir das Geschäft betreten, eilte ich schnurstracks Richtung Hasen, Hamster, Mäuse und Ratten. Mami kam kaum mit und hechtete hinter mir her.

12.

Eine Verkäuferin fragte, ob sie etwas helfen könne, ließ uns jedoch erst mal alleine, weil Mama verneinte.

Mami ging nach kurzer Zeit doch die Verkäuferin suchen, um mit ihr zu sprechen. Das interessierte mich wenig, denn ich war schon mit den Hamstern beschäftigt. Während Mama mit der Verkäuferin sprach, hatte ich mir bereits zwei Tiere ausgesucht, und die waren aber auch so was von putzig. Am liebsten hätte ich alle beide mitgenommen, aber das ging ja nicht.

Der eine hatte ganz wuschelige Haare. Er war dunkelbraun und hatte ein hellbraunes Muster auf dem Rücken, der andere war nicht ganz so wuschelig, dafür eher hellbraun mit weißem Fleck auf der Stirn. Der hellbraune hatte zudem wunderschöne Kulleraugen.

Insgeheim hatte ich mir schon den hellbraunen ausgesucht, fragte aber noch meine Mutter, welcher ihr besser gefiel. Ja, ihr gefiel ebenfalls der hellbraune besser, außerdem meinte sie, er hätte so schöne große Augen, fast wie ich selbst, dabei streichelte sie mir über die Haare. Hm, das tat mir richtig gut!

14.

15.

Entgegen der Abmachung wollte ich nun nicht mehr in den anderen Zoohandel und so setzte ich jetzt mein breites Lächeln auf und fragte Mama, ob wir denn unbedingt noch in das andere Geschäft gehen müssten, wo uns doch dieser hellbraune so gut gefiel: „Mami, dieser Hamster gefällt dir doch auch, guck mal wie der dich anschaut lass uns diesen mitnehmen, bitte."

So kam es, dass wir den hellbraunen Hamster gleich kauften.

16.

Die Verkäuferin packte noch ein paar Nahrungsmittel für Hamster, einen Wasserspender, ein Häuschen, einen Käfig, Heu, Watte und verschiedenes Spielzeug ein. Zum Schluss wurde das Tier gut für den Nachhauseweg in eine Schachtel eingebettet und wir konnten aufbrechen. Ich durfte den Hamster tragen und wollte so schnell wie möglich nach Hause. Mama fragte mich unterwegs, ob ich mir schon einen Namen für unseren neuen Mitbewohner ausgesucht hätte. Verflixt, mir fiel gerade nichts ein.

So kam es, dass wir eine Weile schwiegen. Der Name: Erst einmal passé! Zu Hause angekommen machte ich mich daran, den Käfig auszupacken.

Das Streu, das Hamsterrad, das Häuschen mit Watte, den Wasserspender, ein paar Knabbereien, und schwuppdiwupp: Fertig war das Hamsternest. Ich holte vorsichtig noch den Hamster aus dieser grässlichen Verpackung und setzte ihn in sein neues Zuhause.

~ Perfekt~.

18.

Er schien sich wohl zu fühlen, denn kaum dass er im Käfig saß, fraß er ein paar Drops um es sich anschließend in seinem Nest gemütlich zu machen.

Mit einem Kissen auf dem Boden beobachtete ich meinen neuen Freund im Käfig. Mama saß neben mir. Ich war richtig froh und glücklich. Und morgen durften meine Freundinnen zu Besuch kommen, um unseren Mitbewohner zu bestaunen. Inzwischen wussten meine Freundinnen, dass ich einen Mitbewohner hatte. Was für einen, das war noch mein Geheimnis. Na die werden Augen machen.

19.

In diesem Moment fiel mir wieder ein, dass wir noch gar keinen Namen ausgesucht hatten. „Och Mami, der Hamster hat ja gar keinen Namen, sagte ich und schaute Mama mit fragenden Augen an.

Mami überlegte kurz und hatte wie immer eine tolle Idee. „Emma, was hältst du davon, wenn wir deinem Hamster den Namen deiner Freundinnen geben?" Ich überlegte kurz und musste lachen: „Aber Mami ich kann einem Tier doch nicht alle Namen meiner Freundinnen geben!" Hm- nach kurzem mit den Fingern Rechnen - kam ich nämlich auf sechs Freundinnen.

Wenn ich denen erzähle, dass mein Hamster Mia, Olivia und so weiter heißt, dann denken doch alle, dass ich nicht richtig ticke.

Nun lachte auch Mama und gab mir recht, dass dies in der Tat nicht möglich war.

Sie sah nun mein durch Grimassen verzogenes Gesicht und meinte: „Nein, mein Schatz, ich dachte daran, die Anfangsbuchstaben der einzelnen Vornamen zu benutzen, um einen neuen Namen daraus zu machen. Was hältst du davon?"

Das klang spannend und so fing ich an zu grübeln.

Der Reihe nach begann ich, meine Freundinnen aufzuzählen.

Meine Lieblingsfreundin ist die Mia, danach kommt Olivia, Pia und Paula mag ich auch sehr gerne, außerdem fiel mir Eva und zu guter Letzt Lea ein.

Mama hatte alles der Reihe nach untereinander geschrieben.

Jetzt war ich so was von meganeugierig, was da wohl herauskommen würde.

Ich ahnte ja schon etwas.

Mama zeigte mir das Blatt, auf dem
alle meine Freundinnen standen.

Mia

Olivia

Pia

Paula

Eva

Lea

Langsam begann ich zu lesen:

Moppel.

Mein Hamster Moppel.

Och, was war ich froh über den Namen und gab Mami einen dicken Kuss. Irgendwie klang das so ähnlich wie Seppl. Jetzt war alles geschafft. Mein Hamster hatte seinen Namen bekommen und meine Freundinnen würden sich sicherlich freuen, wenn sie erfuhren, wie er zustande gekommen war. „So, nun aber an die Zähnesaubermachmaschine und marsch, marsch ins Bett meinte Mama zu mir.

Ich schaute nochmals kurz nach Moppel der friedlich in seinem Nestchen lag und tat, was Mama gesagt hatte. Ruck zuck lag ich heute in den Federn.

24.

Was wohl in Mama vorging? Vermisste sie Omi genauso wie ich? Ich konnte über alles mit ihr reden, aber wenn es um Oma ging, da traute ich mich nicht.

Ich war so müde und zufrieden, dass ich gleich einschlief.

Am nächsten Morgen wachte ich ganz früh auf, krabbelte aus meinem Bett und schaute gleich nach Moppel.

Er hatte mich wohl schon am Geruch erkannt, denn sofort kroch auch er aus seinem Nest und schnuffelte mit seinem Näschen herum.

25.

Da es draußen noch dunkel war, beschloss ich, Moppel mit ins Bett zu nehmen. Er fühlte sich so wohl wie ich mich auch. Ich erzählte ihm von Oma, von Mama und dass ich jetzt seine Freundin war und drückte ihn ganz vorsichtig an mich.

Plötzlich kam Mama herein und ich erschrak total.

Eigentlich sollte Moppel ja im Käfig bleiben. Mama schaute mich mit einem strengen Blick an und ermahnte mich, dass Moppel doch nicht ins Bett solle, aber sie lächelte dabei.

26.

Sie nahm mir Moppel ab, setzte ihn in den Käfig und schickte mich ins Bad. Heute kümmerte sie sich um meinen Zimmergenossen und versorgte ihn mit seinem ersten Frühstück. Während sie das tat meinte sie: „Emma, ich bin stolz auf dich! Du hast Moppel ein schönes Nest gemacht."

Ich gab Mami einen Kuss, verabschiedete mich von meinem Liebling und streichelte ihm noch einmal übers Fell, bevor ich zur Schule ging.

Heute verging die Zeit in der Schule irgendwie langsamer. Als es endlich läutete, rannte ich an meinen Freundinnen mit einem: „Bis später, ich freu mich" vorbei. Inzwischen hatte ich alle meine Freundinnen eingeladen und jede hatte zugesagt, denn sie wollten ja meinen Mitbewohner sehen und auch den Namen erfahren.

Das war immer noch mein Geheimnis.

Mami hatte schon mit dem Mittagessen auf mich gewartet. „Ja gleich, ich schaue nur kurz nach Moppel", rief ich ihr zu. Schnurstracks lief ich zu Moppel, um ihn zu begrüßen.

28.

Der saß in seinem Käfig und putzte sich gerade. Nachdem ich gesehen hatte, dass mit Moppel alles o.k. war, fiel mir auf, dass Mama Girlanden in meinem Zimmer aufgehängt hatte.

Außerdem hatte sie quer durch den Raum noch eine Schnur gespannt, diese hatte sie mit den verschiedenen Anfangsbuchstaben der Namen meiner Freundinnen versehen und setzte man sie zusammen, so war dies der Name meines Hamsters.

Ich rannte zu Mama und umarmte sie ganz fest: „Mama, du bist die Beste, ich hab dich ganz doll lieb."

Meine Mami hielt mich im Arm, küsste mich und nahm mich nun mit in die Küche, um zu essen.

Anschließend machte ich noch ein paar Hausaufgaben und dann war es auch schon fast fünfzehn Uhr.

Pünktlich klingelte es und alle standen vor der Tür. Meine Freundinnen waren ganz verrückt und gespannt auf mein Tier. Sie wussten inzwischen, dass ich einen Hamster hatte. Den Namen hatte ich aber nicht verraten.

Mama ging mit uns nun in mein
Zimmer.

Mein Mitbewohner schlief und so meinte
Mama, dass wir erst mal
frischgebackenen Schokoladenkuchen
essen und etwas Saft trinken sollten.

Sie hatte an alles gedacht.

Hm, der Schokoladenkuchen von Mami
war immer lecker.

32.

Langsam wurden aber alle ungeduldig, denn sie wollten doch meinen Hamster sehen. Und so schlug Mama ein Spiel vor. Jeder durfte versuchen, den Namen des Hamsters zu erraten.

Die Buchstaben an der Leine waren richtig gut durcheinander gewürfelt und es machte einen Riesenspaß, das Hamsternamenrätselraten, aber keiner kam im ersten Moment darauf. Sie waren total aufgeregt.

Nun war es an der Zeit, das Geheimnis zu lüften.

Ich hatte mit Mama vorher abgesprochen, wie wir das machen, nämlich, dass ich jeden so hinstelle, dass wir zum Schluss nur noch die Buchstaben zusammen setzen mussten.

Als Erste kam Mia, danach Olivia, daneben Pia und Paula, dann kam Eva und als letzte Lea.

Inzwischen schauten sie sich erstaunt und fragend an, denn keiner wusste so recht etwas damit anzufangen.

Nun spannte ich sie auch nicht länger auf die Folter und begann zu lesen:

M wie Mia, O wie Olivia, P wie Pia, P wie Paula, E wie Eva und L wie Lea. Na? Ich schaute aufgeregt zu meinen Freundinnen, die sich anschauten und lachten. Mia schaute zu mir und sagte:

„Nun, dein Hamster heißt

M o p p e l.“

Das Geheimnis war gelüftet.

Alle freuten sich riesig und waren ganz aus dem Häuschen. Apropos Häuschen, Moppel saß inzwischen im Käfig, putzte sich und ließ sich auch nicht stören.

Sofort standen sie um ihn herum.
Mama nahm ihn aus dem Käfig und
jeder durfte ihn mal auf den Arm
nehmen.

Alle fanden ihn süß, vor allem hatte es
ihnen der Name angetan, und sie waren
ein wenig traurig, dass sie bald nach
Hause gehen mussten, denn die Zeit
verging wie im Fluge. Sie waren von
Moppel so begeistert und wollten so oft es
ging, mich und Moppel besuchen
kommen, das freute mich wahnsinnig.

Nachdem alle abgeholt worden waren,
durfte ich mit Moppel noch ein bisschen
spielen.

36.

Moppel hatte sich schnell an mich und Mama gewöhnt. Ich kuschelte viel mit ihm. Ich war ja sozusagen die Moppelleihmutter.

Morgens kam er kurz aus seinem Nest, beschnüffelte mich, um sich dann wieder in sein Zuckerwattehaus zurückzuziehen. Er schlief meist am Tag.

Wenn Mama außer Reichweite war, nahm ich ihn ab und zu mit ins Bett, dort krabbelte er oft an mir entlang, was immer so sehr kitzelte.

Das erinnerte mich oft an Omi und ihren Seppl.

Manchmal schrieb ich ihr dann einen kleinen Brief wie diesen:

Liebe Omi,

schade, dass du nicht bei mir sein kannst. Wie du siehst, habe ich jetzt auch einen kleinen Hamster, der mich immer an dich und Seppl erinnert. Den habe ich genauso lieb wie dich. Ich vermisse dich sehr. Mama weint manchmal. Ich weiß, dass sie dich auch vermisst.

Deine Emma

Moppel war inzwischen ganz schön frech geworden, denn er knabberte manchmal an Dingen, die er nicht annagen sollte.

Ich schimpfte dann mit ihm. Meistens sah er kurz auf, ließ sich aber nicht weiter stören und machte weiter.

Ja er war schon richtig groß geworden. Und die Zeit verging so schnell.

Auch Mama hatte sich inzwischen an das haarige Tier mit den Kulleraugen gewöhnt.

Sonntage waren manchmal so langweilig, denn nicht immer hatte eine Freundin Zeit zum Spielen.

39.

Und wenn Mama dann auch noch mit etwas anderem beschäftigt war, durfte ich mittags draußen spielen. Wenn ich alleine war spielte ich ab und an noch mit meiner Puppe und dem Puppenwagen.

Schon ein paar Mal hatte ich außer meiner Puppe auch meinen Moppel in den Puppenwagen gepackt. Dann sind wir gemeinsam mit ihm spazieren gegangen. Mutti hat Gott sei Dank nichts davon mitbekommen, sonst hätte ich sicher Ärger gekriegt.

40.

Moppel war immer ganz brav und muckste sich nicht, bis wir draußen waren. Wir waren ein Team. Bis zu dem Tag im September.

Es war mal wieder so, dass ich mit Moppel und meinem Puppenwagen nach draußen ging.

Ich lief gerade mit ihm spazieren und erzählte mit ihm als mir auf einmal Pia und Paula begegneten.

Sie waren gerade auf dem Weg zu mir und wollten fragen, ob ich Lust hätte, mit ihnen zu toben. Da erzählte ich, dass ich Moppel dabei hätte. Erst glaubten sie mir nicht, aber dann sahen sie, wie Moppel das Näschen herausstreckte und fanden es witzig.

So kam es, dass wir gemeinsam mit dem Puppenwagen, der Puppe und auch mit Moppel spielten.

Paula kam plötzlich auf eine komische Idee.

Sie meinte: „Komm Emma, wir lassen Moppel mal im Puppenwagen die Straße herunterrollen wie auf einer Rutschbahn."

Am Anfang wollte ich nicht, als aber auch Pia meinte:

„Ach komm schon, das macht Moppel sicher auch Spaß", dachte ich, es kann ja nicht so schlimm sein. Er drehte sich ja auch zu Hause immer in seinem Hamsterrad. Wir machten uns nun wieder die Straße hinauf, bis wir oben angelangt waren, dann ließen wir Moppel rollen.

Die Hälfte der Strecke war der Wagen schon herunter gerollt, als der Puppenwagen plötzlich zwischen Gehsteig und Straße umkippte.

Wir rannten alle drei dem Wagen hinterher. Ich hatte furchtbare Angst um Moppel. Pia und Paula waren auch erschrocken.

44.

Schnell stellten wir den Puppenwagen wieder auf und sahen, dass Moppel auf der Straße lag. Er rührte sich nicht. Ich fing an zu weinen und konnte mich gar nicht mehr beruhigen. Ich hob ihn auf. Nun lag Moppel reglos in meiner Hand. Ich war so sehr traurig, dass Moppel nicht mehr lebte und hatte wahnsinnig große Angst. Was sollte ich nur tun, was sollte ich Mama sagen? Ich war schuld, dass Moppel nicht mehr lebte und konnte es nicht mehr rückgängig machen.

Ich saß weinend am Straßenrand und wusste nicht mehr ein und aus.

45.

Pia und Paula saßen neben mir, wie versteinert. „Moppel ist nun auch über die Regenbogenbrücke gegangen, wie meine Oma", schluchzte ich. Pia und Paula nahmen mich in den Arm, denn sie fühlten sich genauso schuldig wie ich. Paula meinte dann zu mir: „Emma, du gehst jetzt nach Hause und setzt Moppel wieder in sein Häuschen, so dass deine Mama nicht merkt, dass du mit ihm draußen warst. Und morgen früh findet deine Mami Moppel, so musst du jetzt keine Angst haben, dass du Ärger bekommst."

46.

Einen Moment dachte ich nach, aber ich machte es dann so, wie Paula es gesagt hatte. Moppel lag im Puppenwagen als ich wieder daheim ankam.

Ich sagte Mama kurz, dass ich wieder zu Hause sei und Moppel füttern würde. Ich tat so, wie Pia, Paula und ich es besprochen hatten. Ich legte Moppel in sein Nest und streichelte über sein Fell. Ich wusch mich, zog mich um, sagte Mama noch Gute Nacht und ging sofort ins Bett. Im Bett sprach ich wieder mit Oma und erzählte ihr, wie traurig ich war und welch große Angst ich hatte.

Wie gerne hätte ich jetzt ihre Wärme und ihre liebevollen Arme gespürt. In ihren Armen hatte ich mich immer wohlgefühlt.

Ich weinte mich in den Schlaf. Mama schaute kurz nach mir, bemerkte aber nichts und verließ wieder das Zimmer.

Wie jeden Morgen kam Mama, um mich zu wecken. Sie lief wie gewohnt zu Moppel und wunderte sich, dass er heute gar nicht die Nase aus seiner Watte streckte. Mami hob das Häuschen hoch und stellte fest, dass Moppel nicht mehr atmete.

48.

Als sie sich zu mir drehte, fing ich auch schon an zu weinen.

Sie kam zu mir, setzte sich auf mein Bett und nahm mich in den Arm. Als sie dies tat, weinte ich noch viel mehr als vorher, denn ich hatte immer noch Angst. Mami streichelte mich und meinte, dass Hamster eben nicht sehr alt werden und er nun bei Omi sei. Nun brach es aus mir heraus und ich erzählte ihr schluchzend, was mit Moppel passiert war und dass ich schuld war, dass Moppel nicht mehr lebte.

Ich konnte Mami in diesem Moment nicht sehen, weil ich mich ganz eng an sie gekuschelt hatte, aber ich hörte, dass nun auch Mama weinte. In diesem Moment sagte sie zu mir:

„Liebe Emma, es tut mir so leid, was mit Moppel passiert ist, ich hätte dir nicht die volle Verantwortung für ihn übertragen dürfen. Manchmal tun wir Dinge, weil wir glauben es sei in Ordnung. Solche Fehler kommen dann und wann vor und oft können wir sie nicht gutmachen, aber wir können daraus lernen.

50.

Du hättest Moppel nicht mit auf die Straße nehmen dürfen. Ich bin aber sicher, dass du nicht daran dachtest, was alles durch so einen Leichtsinn geschehen kann."

Mama hielt mich ganz fest in ihren Armen und streichelte mich. Ich weinte und erzählte ihr, dass mir Omi ganz arg fehlte. In diesem besonderen Augenblick war Mama klar, dass ich noch ganz traurig wegen Oma war und es ihr leid tat, dass sie es nicht gemerkt hatte. zum ersten Mal sprachen wir über Oma und sie erzählte mir, dass sie Oma auch noch ganz doll vermisste.

Mama machte Moppel sein letztes Nest und wir begruben ihn in unserem Garten.

Ich war sehr unglücklich über das, was geschehen war, aber froh, dass Mama bei mir war, mich in die Arme nahm und wie so oft tröstete. Mama hat, bevor wir Moppel beerdigten, zwei Luftballons aufgeblasen. Der eine war leuchtend grün wie die Natur, und der andere war gelb, warm wie die Sonne. In dem gelben Luftballon war ein Bild von Oma, in dem grünen Luftballon ein Bild von Moppel.

52.

Die Schnüre der Ballons waren zusammengeknotet. Mami sagte zu mir:

„Nun Emma, jetzt ist es an der Zeit, die Ballons fliegen zu lassen und

auf Wiedersehen zu sagen.

Auch wenn du Oma und Moppel nicht mehr mit den Augen sehen kannst, hast du sie ganz tief in deinem Herzen."

In diesem Augenblick umfassten wir gemeinsam die Schnur der Luftballons und

schickten Oma und Moppel auf ihre letzte Reise!!!!!!!!!!!!!

Als wir zum Himmel blickten, breitete sich über uns ein Regenbogen aus.

Mama sagt immer, dass es eine Verbindung zwischen Himmel und Erde gibt. Ich weiß noch nicht genau, was sie damit meint, aber auf einmal war es gut.

Ich nahm Mama an die Hand und wir gingen ins Haus.

Liebe Omi, lieber Moppel,

irgendwann werde ich euch wiedersehen.

In Liebe Eure

Emma

Wie in diesem Buch beschrieben, werden auch Kinder bereits mit dem Tod konfrontiert.

So wie das Leben und der Tod zusammengehören, so ist in diesem Buch der Regenbogen mit dem Himmel und der Erde verbunden.

Erwachsene neigen oft aus Unsicherheit dazu, Kinder vor der Begegnung mit dem Tod zu schützen. Kinder können sehr wohl trauern, jedoch brauchen sie hier die Unterstützung der Erwachsenen.

56.

Kinder leben im Hier und Jetzt und so können sie in einem Moment tieftraurig, im anderen Augenblick fröhlich und ausgelassen sein. Sie drücken ihre Trauer weniger über die Sprache, als über andere Verhaltensweisen aus. So zum Beispiel durch das Malen von Bildern oder im Spiel. Da der Trauerprozess anders als beim Erwachsenen verläuft, ist er oft weniger klar erkennbar.

Lassen Sie Ihrem Kind Zeit zum Trauern und geben Sie ihm Liebe, Vertrauen und Halt.

Marion Walz, Jahrgang 1961, lebt mit ihrer Familie an der Bergstraße.

Ich bin angestellt und selbständig. Unter anderem arbeite ich mit Kindern und gebe seit geraumer Zeit Lesungen auf einer Palliativstation.

Mein Wunsch ist es, die Belange der Kinder ernst zu nehmen, sie stark für das Leben zu machen und todkranken Menschen ein bisschen Freude zu schenken.

58.

Danke an alle Menschen, die dieses Buch lesen und die Kinder darin bestärken, den Weg des Lebens voller Zuversicht, Liebe und Freude zu beschreiten.

Die Botschaft soll heißen, den Tod als Herausforderung des Lebens anzunehmen und mit Freude das befristete Leben zu leben.

Danke an meine Familie, an all meine Freunde, die mich auf meinem Weg begleiten und mich unterstützen.

Das einzig Wichtige im Leben sind Spuren von Liebe, die wir hinterlassen, wenn wir Abschied nehmen.

Albert Schweitzer

59.